Paolo Valentino

El método Dogfulness

Un perro nos enseña la alegría de vivir

Ilustraciones de Marianna Coppo

URANO

Argentina – Chile – Colombia – España
Estados Unidos – México – Perú – Uruguay

Título original: *I Lezioni di Dogfulness*
Editor original: Mondadori Libri S.p.A., Milano
Traducción: Josep Alemany Castells
Textos a cargo de Paolo Valentino
Ilustraciones de Marianna Coppo

1.ª edición Septiembre 2019

Plaza de los Reyes Magos, 8, piso 1.º C y D – 28007 Madrid
www.edicionesurano.com

ISBN: 978-84-16720-75-0
E-ISBN: 978-84-17780-26-5
Depósito legal: B-17.186-2019

Fotocomposición: Ediciones Urano, S. A.U.

Impreso por Liberdúplex, S.L. – Ctra. BV 2249 Km 7,4
Polígono Industrial Torrentfondo – 08791 Sant Llorenç d'Hortons (Barcelona)

Impreso en España – *Printed in Spain*

El método Dogfulness

Dedicado a Fiamma, Nicola, Camilla, Artù, Orfeo, Lilla, Daisy, Pepita, Perry, Frida, Cocò, Zara, Orfeo, Artù, Ettore, Bobby, Laica, Pupa, Olivia, Pino, Red, Otto, Rocco, Mia, Ciaki, Jack, Nino, Mafalda, Margherita, Zoa, Grappa, Penny, Guido, Sam y a todos los demás perros que, con su alegría de vivir, hacen o han hecho felices a sus amigos humanos.

Introducción

Si hace muchos siglos que a nosotros, los perros, se nos considera los mejores amigos del hombre, no es solo porque somos cariñosos, fieles y protectores. Un escritor llamado Mark Twain escribió: «El perro es un caballero: es sincero, no miente, no engaña, no traiciona, es generoso, es altruista, tiene confianza». Todas esas cosas probablemente sean verdad, pero no nos corresponder a nosotros alabar nuestras propias cualidades.

Nosotros, los perros, estamos convencidos de que un auténtico amigo debe permitirte, en primer lugar, descubrir un nuevo punto de vista que haga llegar la luz incluso adonde creías que reinaba la oscuridad. Pero, sobre todo, debe empujarte a salir de tus límites, pues suele ocurrir que, al quedar encerrado en una rutina, se pierden los sabores más deliciosos de la existencia.

¡Atención, no digo que la rutina sea algo negativo en sí mismo! Apreciarla significa, ante todo, apreciar lo que uno es y comprender que la felicidad se puede encontrar en las cosas más sencillas. Es lo que explica sabiamente un gato —un animal que, según dicen, no nos tiene mucha simpatía— en el libro titulado *El método Catfulness. Un gato nos enseña qué es la felicidad*. Los gatos, como es sabido, son maestros zen, enseñan a comer cuando se tiene hambre, a dormir cuando se tiene sueño, a no complacer más que a uno mismo. Y este es el verdadero secreto para vivir una existencia serena.

En la naturaleza, sin embargo, como explica la medicina china, existen dos fuerzas contrapuestas, el yin y el yang: la noche y el día, el agua y el fuego, el invierno y el verano. Son dos fuerzas complementarias, que necesitan estar en equilibrio para vivir en armonía con la naturaleza. Si el gato se puede relacionar con el yin —la parte más femenina, íntima y nocturna del carácter humano—, nosotros, los perros, representamos el yang, la parte más cálida, impetuosa y social; de esa parte solo puedes tomar lo mejor cuando has aprendido a convivir contigo mismo, haciendo callar ansiedades y preocupaciones inútiles.

Así pues, llega el momento de sumergirte en el mundo que te rodea, pero sobre todo de salir al encuentro de quien viene por tu camino. Nosotros, los perros, no somos eremitas ni aspiramos a serlo: necesitamos el contacto con los demás y no nos avergonzamos de reconocerlo. Nosotros amamos incondicionalmente, no juzgamos según las razas, no somos quisquillosos, mostramos nuestro cariño y nuestra gratitud, no tenemos ninguna de las corazas que a veces impiden a los seres humanos comunicarse entre ellos. Nuestro lema es: «¡La alegría de vivir, siempre!»

Si con el gato has aprendido a vivir la vida de un modo meditativo, con nosotros, los perros, aprenderás a morderla…, ¡pero sin hacerle nunca daño! Y sin olvidar nunca la meditación. Otro escritor, Daniel Pennac, ha afirmado: «Uno cree que saca el perro a hacer pipí al mediodía y por la noche. Craso error: son los perros los que nos invitan a la meditación dos veces al día». Y su colega, Milan Kundera: «Los perros son nuestros intermediarios con el paraíso…, sentarse con un perro en una colina una tarde espléndida es como volver al Edén, donde no hacer nada no era aburrido: era la paz».

En el fondo, nosotros y los gatos no somos tan diferentes si nuestra enseñanza de base es una sola: sé feliz. Y para ser feliz no hay que olvidar nunca estar presente en uno mismo y en la vida en el instante exacto en que la vive. Esto tanto los gatos como nosotros lo sabemos hacer muy bien… Los seres humanos, en cambio, no tanto.

Pero nosotros, los perros, ¿somos o no somos los mejores amigos del hombre? El caso es que en este libro os revelamos algunos de nuestros secretos, todo ello sin olvidar nunca dos cosas importantísimas: el juego, porque el juego, como decía Lao Tse, es la medicina más grande; y la reciprocidad, porque, cuando uno es feliz, quiere compartir la felicidad. Solo así la vida se llenará de alegría.

Palabra de perro.

EN CASA

«La vida es más divertida si se juega.»

ROALD DAHL

Agasaja al visitante

¿Hay algo más bonito que alguien
que viene exclusivamente a verte
y que incluso viene de lejos?
Así pues, cuando llame a la puerta,
corre a abrirle, acógelo con toda tu alegría:
abrázalo, invítalo a sentarse,
ofrécele algo para beber…
Aunque la casa sea tu reino,
no es una *casa* de verdad si no es,
también, una casa para los demás.

¡Qué bonito dormir uno al lado del otro!

La noche es más agradable cuando se pasa junto a quien se ama, precisamente como hago con mi amigo humano. De vez en cuando se nos pueden escapar algunas caricias, o un beso; y hay que tener paciencia si el espacio resulta un poco estrecho.
Dormir en buena compañía reduce el estrés y ahuyenta la tristeza.
¡Nada mejor que un bonito despertar cara a cara!

Demuestra tu cariño

¡No basta con querer, también hay que demostrarlo!
Y no esperes nunca que todos sean capaces
de entender complicados mensajes subliminales
o los extraños y delicados ruidos producidos
por otras cuatro patas.
Mucho mejor un buen abrazo,
un lametón en plena cara
o una jovial pirueta sobre ti mismo.
O, tú que puedes hablar, un:
«¡Te quiero!»

No te olvides nunca de las caricias

El día solo tiene veinticuatro horas,
y hay que hacer muchas cosas,
especialmente los seres humanos.
Además, también el sueño nos roba horas...,
en fin, ¡parece que no hay tiempo suficiente para nada!
Trata, en cambio, de arrebatar algunos minutos al día
para acariciarme a mí, que me tienes cerca,
o incluso para hacerte una caricia a ti mismo.
¡Será el tiempo mejor empleado!

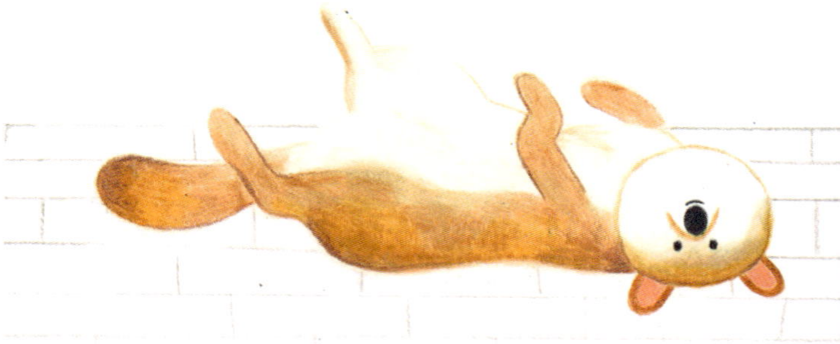

No te aferres a las cosas

¿Cuántas zapatillas te he mordisqueado?
¿De cuántos libros te he arrancado las páginas
para reducirlas a confeti?
¿Cuántos bolígrafos he hecho trizas?
Las cosas van y vienen:
algunas se pueden volver a comprar
por cuatro chavos, otras quizá
no te servían para nada.
Piensa, en cambio, en toda
la riqueza que tienes en alguien
que logra arrancarte una sonrisa.

Transfórmalo todo en juego

¡Divertirse no es complicado!
Al contrario, es lo más sencillo del mundo.
Basta con encontrar un trozo de papel enrollado,
o un hilo de lana, o incluso un viejo calcetín
abandonado en algún lugar.
Todo se puede transformar de repente en juego,
no hace falta que esté escrito en su envase.
¡Aprende a jugar…, aprende a divertirte!

Aprecia a quien te regaña

A menudo, cuando creo que nadie me ve,
meto el hocico un poco por todas partes:
en el cubo de la basura, en un cajón abierto,
entre los cables de la electricidad…,
y he aquí que mi amigo humano
se me acerca rápidamente,
enfadado, y me regaña.
Pero solo lo hace porque piensa
que es peligroso que yo haga
ciertas cosas: ¿por qué, pues,
mostrarse quisquilloso?

Sé el guardián de tu casa

La casa no es solo el lugar donde
se encuentran el sofá donde duermo
largas siestas o el cuenco que dos o tres veces
al día se llena con mi comida preferida.
La casa es, sobre todo,
el sitio donde vive mi familia.
Es, pues, un lugar que hay que proteger,
porque aquí crece el amor que hace
más luminosa mi vida.

Si echas de menos a alguien, dáselo a entender

Cuando me encuentro solo en casa, no logro saber nunca si han transcurrido diez minutos o varias horas antes del retorno de mi amigo humano. Lo que sí sé es que, cuando la puerta se abre y él o ella está de nuevo aquí, yo soy el perro más feliz del planeta. He echado de menos a mi amigo humano, y ahora, ¡lo mínimo es que no pare de darle lametones!

Acurrúcate

Si te parece que ahí fuera el mundo es demasiado frío, acurrúcate hasta hacerte un ovillo.
Descubrirás que en tu propio cuerpo puedes encontrar todo el calor que necesitas, con el que te volverás fuerte y valiente en un momento de debilidad o melancolía.
Después, recuperado el entusiasmo, levántate y corre de nuevo a jugar: ¡el mundo te espera!

Desobedece un poquitín

Es verdad que las reglas son importantes, especialmente para nosotros, los perros. Sin una larga lista de reglas no sabríamos muy bien qué hacer, y a menudo tampoco los humanos.

Pero las reglas, según se dice, también están hechas para ser transgredidas: ¡totalmente de acuerdo! De vez en cuando, concédete cometer una infracción, verás cómo la rutina ya no te parecerá una jaula de la que hay que evadirse.

Concédete un sueñecito de vez en cuando

¡Un día es largo, demasiado largo! Correr de aquí para allá… y, en un momento dado, las energías se acaban. En vez de lamentarte o de soportar todo el cansancio que te ha caído encima, busca un rincón tranquilo y échate una siestecita de varios minutos. De pronto te sentirás otra vez cargado de energía y dispuesto a terminar todo lo que te falta por hacer.

«Los animales no esperaron
a que los hombres les enseñaran
a jugar.»

JOHAN HUIZINGA

INTERCAMBIO DE FELICIDAD

¡Haz algo por mí!

1 Cepíllame con frecuencia: mi pelo será más bonito y podrás prevenir las enfermedades de mi piel.

2 Acuérdate siempre de dejarme el cuenco lleno de agua fresca: ¡a nadie le gusta quedarse sin nada que beber!

3 Saca de casa todo lo que pueda representar un peligro para mí: ¡sabes que soy demasiado curioso!

4 Aliméntame como si fuera tu príncipe: te recompensaré con muchísimo cariño y un montón de caricias cuando vuelvas a casa.

5 De vez en cuando córtame las uñas: ¡no te puedes imaginar lo incómodo que es brincar sobre un suelo duro con las uñas largas!

EN EL PARQUE

«Se pueden saber más cosas
sobre una persona en una hora de juego
que en un año de conversación.»

PLATÓN

No juzgues según la raza

Algunos de nosotros somos pequeños
y con el pelo rizado, otros tienen
un cuerpo ahusado y largos cabellos lisos.
Algunos tienen el hocico chato y babean mucho,
otros una nariz que no termina nunca y un porte envidiable.
Pero cuando nos encontramos todos juntos en un parque,
estas diferencias no cuentan para nada:
¡Estamos aquí para jugar, para vivir juntos!

Huele y déjate oler

Los demás son siempre un mundo por descubrir:
un mundo que puede ser diferente,
totalmente diferente del nuestro.
Pero a veces basta con muy poco para conocerse.
No hace falta pronunciar grandes discursos,
analizar, examinar: es suficiente olerse
para saber si puede haber sintonía.
Y, sobre todo, deja que también los demás
te puedan oler, deja que te descubran.

¡Si quieres hacer algo, hazlo!

Ahí fuera hay agujeros por excavar,
fuentes donde beber, tus semejantes con
quienes jugar, vallas más allá de las cuales curiosear.
Y no siempre dispones de mucho tiempo para hacer
todo lo que deseas: pronto hay que volver a casa,
a la rutina hecha de sofás, alfombras y a veces soledad.
No pierdas la ocasión; si quieres vivir una nueva
experiencia…, sencillamente, hazlo.

Busca siempre a los demás

La diversión no pierde intensidad
a partir del momento en que se comparte.
Al contrario, mi regla es:
¡cuantos más seamos, más nos divertiremos!
Así pues, ¿por qué, en vez de salir
        cuando sabes que hay poca gente,
          no das un paseo cuando
            sabes que podrás
            encontrar a muchos,
          muchos semejantes tuyos?

Conoce con el juego

Yo no necesito gran cosa: una mirada,
una cola que se mueve, un saltito…
¡y empieza el juego!
Jugando se descubre fácilmente si alguien es simpático
o va a la suya, si procura no hacerte daño
o si es impetuoso y está dispuesto a pasarte
por encima para divertirse.
El juego es la forma más rápida,
y segura, para conocer a quien tienes delante.

Vive con todas tus manchas

¡Cuántas veces he visto a los seres humanos apartarse o incluso ponerse a gritar si me levantaba sobre las patas para agasajarlos! Tenían miedo de que les ensuciara la ropa. Pero ¿qué es una mancha en un vestido en comparación con el cariño que alguien te puede dar?
Luce tus manchas con orgullo,
si te las has hecho viviendo a tope.

No te enfades nunca demasiado

Puede suceder que alguien me trate mal,
o que algún perro poco simpático me ladre
si me he acercado demasiado a él.
Algunos se enfadan, se enfurecen,
pero, al fin y al cabo, ¿qué ganan con ello?
Yo intento una segunda aproximación,
y si también esta termina mal…, paciencia:
encontraré a otro con quien jugar.

Sumérgete en la naturaleza

En medio de un prado hay todos los colores
y los perfumes que necesitas para regalarte
un intenso momento de felicidad.
Revuélcate en la hierba o, sencillamente,
túmbate al sol, saborea también el olor
de la tierra mojada en los días de lluvia.
Descubrirás que en tu interior
todavía hay un impulso salvaje
que ningún asfalto ni ningún sofá
podrá apagar nunca del todo.

Haz actividad física cada día

Caminar hace fluir
los muchos (demasiados)
pensamientos que tienes en la cabeza.
Mientras mueves las piernas un paso
tras otro, también la mente encuentra
un ritmo más sereno.
Aprovecha nuestros paseos juntos
para caminar más, prueba nuevos recorridos,
alárgalos un poco: además de para tu humor,
irá muy bien para tu físico.

Déjate embelesar por una mariposa

El verano significa lagartijas que corren a esconderse,
rápidas, en cualquier agujero.
El otoño es un mar de hojas amarillentas
en el que zambullirse, levantándolas por los aires.
El invierno es una extensión de nieve de la que disfrutar
y donde dejar tus huellas.
La primavera es una mariposa blanca para perseguir
sin lograr atraparla nunca...
Sí, la vida es hermosa.

Mantente alejado de las preocupaciones

¿Qué es una preocupación?
Es el pensamiento de algo que en realidad no existe,
es como el ruido fuerte y repentino que llega de lejos
y que te paraliza por un momento, te obliga a mirar
atento alrededor, para descubrir —casi siempre—
que no corres ningún peligro.
Que todo esto dura solo un instante:
el paseo de la vida debe continuar.

De vez en cuando, quítate la correa

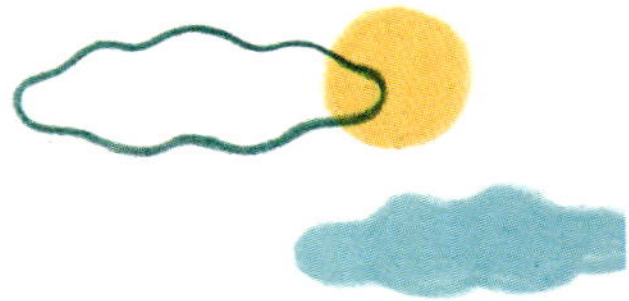

En algunos momentos
conviene quitarse la correa
y echar a correr hasta quedar
sin aliento.
Correr, correr, correr…,
aunque sea en círculo, sin una auténtica meta,
solo con ganas de hacerlo y de sentir
el viento en la cara, en la lengua.
Inténtalo, y saborea el jadeo que tendrás al final:
es la libertad que, cuando quieres,
tienes siempre al alcance de la mano.

«No somos más completamente
nosotros mismos
ni estamos más plenamente
vivos ni más profundamente
absortos en algo
que cuando jugamos.»

Charles E. Schaefer

INTERCAMBIO DE FELICIDAD

¡Haz algo por mí!

1 Si sueles olvidar tus compromisos, programa los momentos de juego conmigo: también tú te divertirás de lo lindo.

2 No dejes que engorde demasiado y me atrofie: pasear debe ser siempre un placer para ambos.

3 Controla siempre mis juguetes, y si los he estropeado demasiado, cómprame otros nuevos: yo podría hacerme daño.

4 Acaríciame a menudo y dame muestras de tu cariño. ¡Tú ya sabes muy bien cuánto te quiero yo!

5 De vez en cuando déjame jugar con el agua…, luego procuraré echarte una pata para secarlo todo.

POR LA CALLE

«En el hombre auténtico
se esconde un niño:
que quiere jugar.»

Friedrich Nietzsche

Cambia de perspectiva sobre el mundo

Hay que recorrer calles todos los días.
Si estas calles te parecen siempre iguales es porque
las miras solo con los ojos de quien quiere llegar a la meta.
Si te paras a olerlas o, sencillamente, a mirarlas mejor,
descubrirás que cuentan una historia siempre diferente,
hecha por tantos semejantes tuyos que, día tras día,
han pasado por ellas.

Protege a tu rebaño

Tu rebaño está formado por todos los que amas, tanto si son humanos como si tienen cuatro patas. Son aquellos con quienes puedes contar y que saben que pueden contar contigo: son tu familia, tu casa. Incluso cuando estáis fuera de vuestras cuatro paredes, no permitas que nadie amenace uno de sus componentes: protégelo con todas tus fuerzas.

Vigila, pero al mismo tiempo no te preocupes

Cada paseo es una aventura: siempre se pueden hacer nuevos descubrimientos, aunque sean pequeños y aparentemente insignificantes. Pero a veces las sorpresas se pueden transformar de repente en peligros: vigila y estate atento a lo que tienes alrededor, pero sin que ello eche a perder el afán de aventuras. ¿Qué aventura existiría sin un poco de despreocupación?

Ama prescindiendo de la edad

El amor no varía según la edad.
¡Cuánto amor hay en un cachorro de pocos meses,
lleno de alegría y de ganas de recibir caricias!
¡Y cuánto hay también en un viejo perro encanecido,
que te sigue caminando despacio y que desea
igualmente caricias!
Devuelve a ambos todo el amor que te dan,
y haz lo mismo con las personas.

Explora el mundo, pero recuerda de dónde vienes

A veces es suficiente doblar la esquina,
asomarse por un portal habitualmente cerrado
o tomar un atajo nunca recorrido antes
para descubrir nuevas partes del mundo.
Es lo que hacen viajando los seres humanos.
Pero, cada vez que lo hagas, acuérdate
de tener algunos puntos de referencia:
te serán útiles cuando vuelvas.

El mundo ahí fuera está lleno de historias

Cuántas cosas suceden más allá de la ventanilla
de un coche en movimiento: perros con correa
en las aceras, gatos que te observan desde un alféizar,
palomas que se elevan en masa hacia el cielo,
automóviles con otros perros dentro…
De todo ello no vemos más que un fragmento:
¿por qué no ejercitas la fantasía tratando
de imaginarte todo lo demás?

No te quedes siempre encerrado en casa

La casa, naturalmente, es tu guarida,
el lugar donde cobijarte y encontrarte a ti mismo.
Permanecer demasiadas horas encerrado
entre cuatro paredes, sin embargo,
no ha sido nunca beneficioso para nadie.
Aunque no te apetezca o no lo necesites de verdad,
oblígate a salir por lo menos dos o tres veces al día:
llevarás al interior de casa un poco del mundo
que te espera ahí fuera.

Alza la voz para lanzar una advertencia

A algunos seres humanos les fastidia mi voz, otros incluso la temen… ¡y a veces es mejor que le tengan miedo!
No es verdad, sin embargo, que «perro ladrador poco mordedor»; a menudo, si ladro es precisamente para lanzar una advertencia.
Pero, pensándolo bien, ¿no es más sano exteriorizar el malestar en vez de guardarlo dentro para hacerlo estallar todo de golpe?

Encuentra en ti el coraje que necesitas

Hay perros más o menos valientes,
perros que se asustan si oyen un ruido lejano
y perros que, al contrario,
siguen arrogantes su camino.
Pero no existe ningún perro
que no se tire al agua
para salvar a un ser
querido en peligro.
En una situación crítica,
busca en ti el coraje que necesitas:
lo encontrarás.

Corre a conocer a quien te viene al encuentro

Ten siempre curiosidad por
conocer a quien está llegando
por tu camino.
Sal a su encuentro
y salúdalo cariñosamente:
los encuentros inesperados pueden
ser los más agradables, tanto si
se agotan en el breve tiempo
del saludo como si, al contrario,
se transforman en una nueva
amistad destinada a durar.
Si te encierras en ti mismo,
no harás otra cosa que perder
buenas oportunidades.

Si te sientes desorientado, date reglas

Hay momentos en que a tu alrededor todo te parece muy confuso: lugares nuevos, caras nuevas, cosas que no habías visto nunca… ¡De repente han desaparecido los puntos de referencia que te habías dado! Recuerda las reglas más sencillas que te han enseñado y síguelas dócilmente, recuperarás al instante un poco de seguridad.

Cuando haga falta, enseña los dientes

No todo el mundo es siempre
amable ahí fuera: hay algunos
que quieren fastidiarte
o incluso agredirte.
Cuando tropieces
con alguno de estos,
no dudes en enseñar los dientes
e incluso en gruñir un poco.
Los malintencionados
se desanimarán
y se esfumarán,
y tú podrás seguir
tranquilo
tu camino.

«Cada juego potencia,
perfecciona varias facultades físicas
o intelectuales.»

Roger Caillois

INTERCAMBIO DE FELICIDAD

¡Haz algo por mí!

1 Dame un poco de libertad, pero nunca demasiada: de vez en cuando pierdo la orientación y corro el riesgo de perderme.

2 El lugar adecuado para las sobras de la cena es el cubo de la basura, no mi boca (¡aunque en aquel instante me harían feliz!)

3 Trata de entender mi lenguaje. ¿Qué quiero decir si levanto la cola? ¿Y si me acurruco?

4 Cuando sea necesario, llévame al veterinario. Quizás en un primer momento no dé saltos de alegría, pero en el fondo te lo agradeceré.

5 Enséñame siempre juegos nuevos: serán también nuevas formas de divertirnos juntos.

FUERA
Y CON LOS AMIGOS

«El juego es la medicina más grande.»

Lao Tse

El lugar perfecto es donde estás tú

A menudo, los seres humanos andan en busca
del lugar perfecto donde pasar el tiempo libre:
el que tiene la iluminación adecuada, la comida adecuada,
la música adecuada..., pero ningún lugar es adecuado
si contigo no están las personas que amas.
Piensa en cómo sería aquel lugar sin ellas:
¿parecería en realidad tan perfecto?

Prueba todas las cosas

Hay muchas cocinas para probar,
gustos nuevos para descubrir:
¿por qué contentarse con comer siempre lo mismo?
Toma la ocasión al vuelo cuando se te presenta
y da rienda suelta a tu apetito, una transgresión
no ha hecho nunca daño a nadie.
Si luego resulta que la novedad no es de tu agrado…,
paciencia: al menos lo habrás intentado.

Cada persona es única, apréciala así

A veces alguien te puede decepcionar o maltratar,
o puede revelarse como lo contrario
de lo que te habías imaginado.
Pero la verdad es que este alguien quizá
ni siquiera existía, solo estaba dentro de tu cabeza.
Trata de apreciar a quien tienes al lado
sencillamente por lo que es.
Quizás en él puedas descubrir a un nuevo amigo.

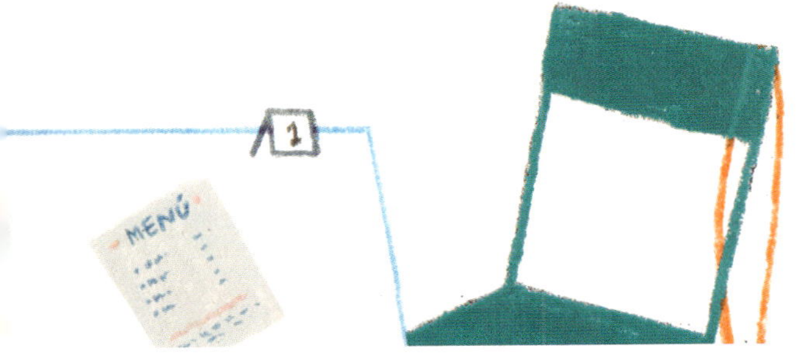

No traiciones nunca a un amigo

Si se dice que el perro es el mejor amigo
del hombre es porque no lo traicionará nunca,
pase lo que pase. Un amigo verdadero
no es otra cosa que esto:
alguien que permanecerá
siempre a tu lado, sin traicionarte.
Es un tesoro de valor inestimable:
piénsatelo siempre dos, tres,
cuatro veces antes de arriesgarte
a perderlo.

SUPERMERCADO

¡No seas hipercrítico!

Nadie nace perfecto, pero puede ser perfecto para ti.
No te concentres en los detalles o, aún peor,
en los defectos, pero observa a quien tienes delante
por el cariño que te da, por el calor que te regala.
Los detalles y los defectos desaparecerán,
solo así podrás descubrir su alma
y toda su belleza.

Los besos son importantes

Besar es una panacea: hace adelgazar,
hace pasar el dolor de cabeza,
aumenta las defensas inmunitarias,
previene las caries, es un antiarrugas, baja la presión,
va bien para el corazón, reduce el estrés y las tensiones,
mejora el sueño e incrementa la autoestima.
¿Necesitas saber algo más? ¡Corre, ven a besarme!

¡No te hagas de rogar!

Las relaciones son algo para paladear
o administrar con parsimonia.
Si sientes dentro de ti el deseo
de estar junto con alguien, corre a su casa, búscalo.
Y, del mismo modo, no te eches nunca atrás
cuando alguien te busque:
tú y solo tú saldrías perdiendo.

Sé siempre agradecido con quien te da de comer

El plato más bueno es el que se rebaña
hasta el último resto de comida,
hasta la última gota de condimento.
Cuando alguien cocina para ti, muéstrale
lo contento que estás de su gesto, pídele más,
expresa tu satisfacción: con tu alegría
le devolverás todo el regalo que te ha dado.

Ten confianza en el prójimo

No tengas miedo de confiar en los demás:
todos necesitamos a alguien que piense en nosotros,
especialmente cuando las cosas no van como quisiéramos.
Quien piensa que se basta a sí mismo,
tal vez por miedo de llevarse una desilusión,
se equivoca de medio a medio:
da siempre una posibilidad a los demás,
dátela a ti mismo.

Sigue siendo un cachorro aunque ya tengas una edad

En algún lugar, en tu interior, estará siempre
el cachorro que fuiste en los primeros años de tu vida.
Es verdad, envejecemos, empezamos a caminar más
lentamente, quizás algunas veces incluso tenemos
achaques, pero no pierdas nunca las ganas
de pensar en la vida como en un juego.
Por un momento, desaparecerán todos los dolores.

Si necesitas, pide

A algunos les gusta mostrarse independientes,
como si nunca necesitaran a nadie para afrontar la vida.
Yo, al contrario, sin mi amigo humano me sentiría,
sencillamente, desamparado, y no hago nada,
absolutamente nada, para esconderlo.
Alguna que otra vez,
cuando estés en un apuro,
deja caer tu coraza
y pide también tú
que te echen una pata.

¡Mueve la cola y muestra tu alegría de vivir!

La vida es el regalo más grande, el que hay que tener siempre apretado entre los brazos y saborear día tras día, desde el momento de despertarse hasta que la cabeza vuelve a apoyarse en la almohada.
Pero es un regalo, ¡ay!, que no dura para siempre.
¿Por qué, pues, desperdiciarlo?
Saluda al mundo moviendo la cola,
disfruta de la vida.

«El hombre solo es verdaderamente hombre cuando juega.»

FRIEDRICH SCHILLER

INTERCAMBIO DE FELICIDAD

¡Haz algo por mí!

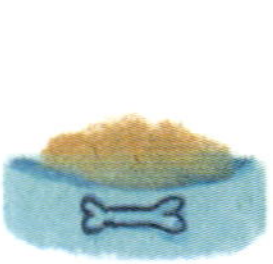

1 No me dejes encerrado en casa durante horas y horas. Si en los lugares a donde vas los perros no son bien acogidos, ¿vale la pena entrar en ellos?

2 Por lo menos una vez a la semana llévame a un área para perros y déjame correr, explorar y jugar sin correa.

3 Estate siempre atento al clima: protégeme del frío del invierno y evita que permanezca expuesto al sol del verano.

4 Los premios no solo les gustan a los cachorros que deben aprender a hacer las necesidades al aire libre: los aprecian los perros de todas las edades.

5 Háblame dulcemente y no me maltrates demasiado: yo también seré un perro más dulce.

PERROS QUE AMAN LA VIDA

Hay perros que han pasado a la historia
por su valentía,
otros por su inquebrantable fidelidad,
y aun otros por una sensibilidad
extraordinaria.
Pero todos tenían una cosa en común:
un inmenso amor por la vida.

HACHIKO

El perro más fiel del mundo

Once años. Son los que vivió el perro más fiel de la historia, *Hachiko*, un akita inu de pelo blanco nacido en 1923, famoso por haber esperado durante diez largos años el retorno de su dueño, el agrónomo japonés Hidesaburo Ueno, desaparecido de repente. Tras la muerte del dueño, sin embargo, Hachiko siguió esperándolo en la estación de trenes de Shibuya, a donde iba el hombre cada día para trasladarse al trabajo. En vano. En 1934, el escultor Tenu Ando hizo una estatua en bronce del perro, que aún hoy se exhibe en el cruce más grande y más transitado del mundo. Un hecho curioso: en los últimos años, un gato ha empezado a enroscarse precisamente bajo la estatua del fiel *Hachiko*.

BALTO Y TOGO

Dos héroes del hielo

Era el mes de enero de 1925 cuando en Alaska, en la pequeña ciudad de Nome, estalló una epidemia de difteria que tuvo como primera víctima a un niño de dos años. Para obtener las provisiones de suero necesarias —dado que Nome, a causa de las difíciles condiciones atmosféricas, estaba aislada del resto del mundo—, empezó la que se recuerda como «Carrera del Suero», protagonizada por veinte equipos de perros de trineo.

Entre todos estos pequeños héroes, destacaron dos: el husky siberiano *Balto*, cuya estatua se encuentra hoy en Central Park, en Nueva York; y *Togo*, un malamute de Alaska, que recorrió un atajo peligrosísimo por el hielo con el fin de llegar más rápidamente a destino.

JOFI

La perrita psicoanalista

Quizá no todo el mundo sabe que Freud, el padre
del psicoanálisis, tenía una ayudante excepcional.
Se trataba de *Jofi*, una chow chow con la que estaba
muy encariñado y que dejaba entrar y salir libremente
de su gabinete mientras él recibía a los pacientes.
No era ninguna casualidad... *Jofi* tenía, en efecto,
la innata capacidad de darse cuenta de si un paciente estaba
tranquilo (y entonces se le acercaba para que la acariciara)
o si estaba nervioso (en tal caso, se mantenía
prudentemente a distancia).
De *Jofi*, Freud apreciaba sobre todo —son sus palabras—
«el sentido de una vida sencilla y libre de los conflictos
difícilmente soportables de la civilización, la belleza
de una existencia perfecta en sí misma».
La alegría de vivir enseñada por un perro.

BLAIR

Una estrella de cine de cuatro patas

Antes que *Lassie*, la collie protagonista de varios largometrajes y después de una serie de televisión, e interpretada a lo largo del tiempo por varios ejemplares de la misma raza, brilló *Blair*, la primera gran estrella de cuatro patas de la historia del cine.
Blair era, al igual que *Lassie*, un collie, y vivía con el productor y director inglés Cecil M. Hepworth, que decidió hacerlo aparecer primero en *Alice in Wonderland* en 1903 y luego sobre todo en *Rescued by Rover* (1905), película en que un perro sale en busca de su dueña, secuestrada mientras estaba paseando.
Un hecho curioso: la película tuvo tanto éxito que en aquellos años *Blair* era el nombre más corriente entre los perros del Reino Unido.

BLONDI

El mejor amigo del peor hombre

La fidelidad de los perros a los seres humanos no conoce límites, ni siquiera ante la locura. Incluso Adolf Hitler, en efecto, tuvo fidelísimos amigos de cuatro patas. El primero fue un pastor alemán que en 1921 Hitler se vio obligado a regalar a causa de estrecheces económicas, pero que escapó para volver con él. El segundo fue el más famoso, *Blondi*, una hembra de pastor alemán que el Führer recibió en 1941 como regalo y que lo siguió hasta el búnker donde el dictador encontró la muerte.

Allí, antes de quitarse la vida, Hitler mandó a su médico que probara las píldoras de cianuro que pensaba usar para suicidarse precisamente en la pobre *Blondi*, que falleció un momento antes que él.

NICOLA Y FIAMMA

Dos maestros de la alegría de vivir

Nicola (nacido en 2010, pelo rojo)
y *Fiamma* (nacida en 2017, pelo negro)
son dos caniches enanos que viven con el autor
de este libro y con una gran familia extensa.
No podrían existir dos perros más diferentes: mientras
que *Nicola* es tranquilo y obediente, *Fiamma* es impulsiva
y sin frenos; *Nicola* prefiere la compañía humana; *Fiamma*,
en cambio, no haría otra cosa que jugar con sus semejantes
de cuatro patas. Aunque aparentemente *Nicola* no soporta
a la impetuosa perrita recién llegada, se quieren mucho…,
a su manera.
Para hacer compañía a *Nicola* y *Fiamma*, en la misma casa
viven también dos gatos, *Panda* y *Shiro*, que en vano intentan
explicarles algunos conceptos del método Catfulness.